찬란한 마음들이 모여

지나온 글들을 모아보니 눈물이 고인다.
그저 지나간 감정과 시간의 조각이었는데
어느새 가장 빛나는 것이 되었다.

찬란한 마음,
그것을 끄적이며 살아 있음을 느낀다.
그것을 다시 읽는 일은 곧 나의 숨이 된다.
숨 쉬기에도 버거운 이 세상에서
그렇게 쓰고, 읽으며, 살아간다.

서 평

이화의 첫 산문집 《찬란한 마음들이 모여》는
자신의 내면을 오래도록 들여다본 사람이 쓸 수 있
는 문장들로 가득하다. 화려한 문장 대신, 오래 눌
러온 마음의 무게와 그 진심이 담겨 있다.
문장을 읽다 보면 마음이 서늘해지다가도 어느 순
간 다정한 온기가 밀려와 독자는 자신도 모르게 오
래된 감정을 마주하게 될 것이다.

이 책은 누군가에게 털어놓지 못한 이야기들, 시간이 지나도 잊히지 않는 기억들을 천천히 꺼내어 다독인다. 상처를 부정하거나 지우려 하지 않고, 그 안에서 다시 살아갈 이유를 찾는다. 그 과정에서 우리는 아픔이 단단함으로 바뀌는 순간을 함께 목도한다.

《찬란한 마음들이 모여》를 읽는다는 것은 내 안의 마음 하나를 살며시 들어올려 보는 일에 가깝다. 그 안에서 우리는 각자의 '찬란한 마음'을 발견한다. 지나온 날들의 눈물과 후회, 그리고 아직 남아 있는 온기를.

이 책은 조용히 속삭인다.
지금 이 순간에도,
당신의 마음은 여전히 찬란하다고.

목 차

불안과 상처

°
°

회복과 자각

°
°

빛과 찬란함

°
°

글과 숨

―

오늘부로 다시금 글을 써보려 한다
늘 떠다니던 문장들을

그때마다 담지 못해 사무치곤 했던
나의 작은 마음들

어렴풋한 소녀가 펜을 든 지도
어느새 수많은 계절이 지났다

아직 그 소녀는 내 안에 있다
그리고 나는 그 소녀를 기억한다

이 책은 한 페이지마다 여백의 공간을 두어 자유롭게 읽으시면서 떠오르는 작은 마음들을 같이 적었으면 하는 마음으로 비어두었습니다.

1부

불안과

상처

나의 계절은

나는 나 자신에게서 멀어져만 간다. 멀찌감치 도망간 나의 밝음.

나의 계절은 화창한 여름이었다.
가득 눈부시던 햇빛이 일렁이는 어느 여름 아침처럼, 매일이 그랬다. 눈을 뜰 때에도, 눈을 감을 때에도, 꿈 속에서도, 나는 빛나고 있었다. 하지만 이제는 황폐한 사막이 되어 밤마다 악몽이 쫓아온다.

꿈이 많았던 나는 이곳저곳을 떠다니는 재능들을 한 손에 담아 놓치지 않으려 애썼다. 그 재능들은 작은 별이 되어 갓 어른이 된 나의 어깨를 올려주곤 했다. 나는 계속 더 빛을 내기 위해 발버둥쳤다. 작은 별들은 빛을 낼수록 커져 갔고 점점 손에 흘러 넘치기 시작했다. 빛의 크기만큼 커져가는 허영심으로 끝내 별들은 땅 아래로 쏟아졌다. 어영부영 손을 뻗어 다시 담아보려 했지만 솟구치던 시간의 태엽은 불안이 되어버렸고, 더 이상 빛나지 않는 별은 끝내 닿을 수 없어졌다.

별들의 무게를 지탱하며 늘어진 허리는 시간에 의해 저물어갔고, 나는 텅 빈 손바닥을 한 번 보고, 별이 있던 자리를 다시금 보았다.

빛의 흔적이 아직 남아 있어
슬며시 믿어보기로 한다.

매일같이 악몽이 찾아와도,
언젠가 단 하루는 꿈을 꿀 수 있을 것이라고.
그리고 내 꿈이 쏟아졌던 것은,
아마 별의 조각이었을 것이라고.

1

내가 알던 나의 모습은 사라졌다. 흥미를 느끼던 것들은 현실 속 안개에 잠기고 결국 새하얗게 변해버린 빈 자리만 남았다. 이게 내가 아닌데 지금의 나는 누구지.

까마득한 눈물이 고인다. 어설프게 돌봐주지 못했던 내가 모여 우울한 어른이 되버렸으니까.

2

긴 여백의 시간들은 불안을 낳고, 하얗게 덧칠한 날들은 밤처럼 까마득하다. 반복되는 불안정한 호흡 속에서 또다른 나로 살아간다. 외쳐왔던 다짐과 달리 무의식 속에 숨어버린 채로.
다채롭게 색을 다시 칠할 수 있을까

3

무자비하게 늘어놓은 생각들만 쌓였을 뿐
나의 신념들은 쌓이지 않고 무너져버렸다
생각을 써내려 갔던 때가 언제인지 희미하고
생각을 생각했던 시절조차 떠오르지 않는다

한 겹의 생각으로 풀리지 않는
답을 찾으려 애썼던 건 내가 아닌 무엇이었을까

그것이 나를 이룰 수 없음을
그것만으로 내가 될 수 없음을
이제는 안다

내 신념은 무너진 것이 아닌
내가 가려놓은 것
그렇게 믿어야만 하는 것

4

어루만지지 못했던 작은 마음들이
소리치며 울고 있다
비통한 심정에 도무지 위로할 수 없어
발만 동동 구르며 멀리서 지켜본다

조금만 더 여유롭다면
조금만 덜 불행하다면
가까이 갈 수 있을 거라고 다짐했는데

야속했던 다짐들은
세월 앞에서 무너지기를 반복했고
귓가에 맴돌던 울음은 서서히 사라져갔다
아직도 울고 있는 소녀는 어디에 있는가

5

질퍽한 삶의 고민들이 모여
나에게 달큰함을 속삭인다
시간과 마음의 형체가 길어질수록
번지르르한 껍질만이 남아있다
낡고 흐트러진 속은 이미 가득 절여져
형체를 알 수 없고 쓴물만 흘러나오고 있다

과도한 달큰함은 다시
쓴 물이 되어 돌아오고
차곡차곡 모아 어루만져줘야 한다
홀로 단물이 나올 때까지

슬픔을 등지는 것

나의 슬픔은 오래전 떠나보낸 기억들을 마주할 때면 불쑥 찾아오곤 한다. 이름 모를 기억들은 제자리를 찾은 듯 조용히 마주 앉아, 꾹꾹 눌러왔던 이야기들을 풀어놓는다. 때늦은 말들은 눈물이 되어 땅에 스며들었다. 무수히.

푸른 잎이 무성하던 어느 무더운 날이었다. 의사는 내게 가장 아팠던 첫 기억을 물었다. 입을 떼기도 전에, 이유를 알 수 없는 눈물이 왈칵 쏟아졌다. 왜였을까. 처음으로 슬픔을 마주해도 되는 곳에 와서였을까. 눈물은 멈출 줄을 몰랐고, 그런 나에게 그는 조심스레 말했다.

"안타깝게도 어린 나이에 만성 우울증인 것 같아요"

"…제가요? 제가… 만성이라고요?"

"나이는 어린데, 꽤 오래된 것 같아요. 대부분 이런 분들은 자신이 아프단 사실조차 모르고 지냅니다."

"그럼… 나을 수는 있는 건가요?"

"아무래도… 시간이 오래 걸리겠죠."

감정은 소용돌이 치듯이 나를 휘감았고, 그동안 쌓아 올린 삶의 모든 순간이 부정당하는 기분이 들었다. 억울했다. 나 정말 괜찮은데. 길지 않은 대화를 끝내고 화장실 문을 걸어 잠갔다. 참고 있던 눈물을 흘려보냈다. 소리 없이. 슬픔이 허용된 공간에서도 나는 또다시 괜찮은 척을 하고 있었다. 내 병명을 온전히 받아들이기엔, 나는 너무 어렸다.

그날 이후, 끝없는 슬픔이 나를 집어삼켰다. 가만히 있어도 손발이 떨렸고 문밖을 나서는 것조차 두려웠다. 곧 내 삶을 잃을 것만 같았다. 하지만 무언가를 잃기엔 나에겐 찬란한 젊음이 남아 있었다.

결국 나를 위해 할 수 있는 건 슬픔을 등지는 것이었다. 나를 아프게 하는 것들을 떠나보내지 않으면 그 아픔이 영영 나를 붙잡을 것만 같아서. 나를 아프게 했던 것들, 여전히 아프게 하는 모든 것들을 잊어버리기로 했다.

그러다 보면
언젠가 슬픔도 나를 잊어주겠지

6

곧 십이월이 다가온다.
지난 십이월은 눈물로 하루하루를 보냈던 것 같다. 나를 스치는 겨울의 숨결. 살고자 했던 날들보다, 살아갈 힘을 잃었던 날들.
그럼에도 나는 하루하루를 살아왔고 오늘을 살고있다. 우울과 상처에 눌렸던 삶은 다시 희망차게 부풀어 가장 뜨거운 겨울을 맞이할 테니.
따뜻하게 목도리를 두르고, 성큼성큼 눈 위를 걸으며 마음의 발자국을 남겨본다.
다시 넘어져도, 다시 일어날 수 있다고.
오늘도 그렇게 살아보자고.

2부

회복과

자각

아빠와 무화과

'그때 그랬더라면 …'이라는 생각은 나를 심연 속에 가두게 하는 문장이다. 후회에 사로잡히고 현실을 가로막는 이 생각은 한 번 나에게 찾아오면 도무지 떠나갈 생각을 하지 않는다.

까마득한 아빠의 모습이 떠오른다. 차마 집 앞까지는 올 수 없어 뒷골목까지만 데려다주며 내 손에 무화과 한 박스와 만 원짜리 두 장을 챙겨주고 사라진 아빠.

용돈이 없던 시절 어떻게 써야 할지 막막했던 소녀는 무화과 한 입을 베어 물으며 홀로 집으로 돌아갔다. 그때는 아직 무화과의 맛을 느낄 수 없던 소녀에게 아빠가 준 상처 난 무화과는 그저 씁쓸하기만 했다.

집에 수상쩍게 돌아온 나를 보며 엄마는 눈치챘는지 혼내기 바빴다. 아빠가 그저 나쁜 사람이고 다 나중에 나에게 해코지 하려고 날 만나는 거라고 했다. 한참을 울면서 나는 아무 말도 하지 못했다. 아빠가 나쁜 사람은 맞을 테니까.

결국 그날이 아빠와의 마지막이 되었다. 나쁜 사람과의 기억은 좋았던 순간도 다 나쁘게 기억되어야만 했다.

점차 시간이 저물어 갔고 희미해진 기억들이 수면 위로 떠오르듯, 다정함을 느꼈던 순간들을 기억하려고 하면 자꾸만 아빠와의 순간이 겹쳐졌다.

생일날 먼저 축하한다고 케이크 초를 불자 한 사람도, 저녁은 먹었냐며 맛있는 밥집에 데려가주던 사람도, 어디 가고 싶은 곳 없냐며 서울을 벗어나 야경을 보여준 사람도, 모두 아빠뿐이었다.

그때 아빠의 다정함을
그때 알았더라면
조금은 달라졌을까

이제서야 무화과의 맛이 느껴진다
상처가 수두룩한 이 무화과는
쓰디쓸 정도로 달다
다디단 이 무화과가 왜 쓴 맛이 났을까

쓰디쓴 무화과는 달아졌고
나에게 아빠는 다정함이 되었다

7

나라는 계절은 따스하지만 금세 차가워진다. 계절의 열매가 맺힐 때쯤, 또 다른 열매가 움튼다. 어떤 계절을 좋아하냐는 식상한 질문에도, 나는 한참을 머뭇거린다.

봄, 따뜻한 바람과 풀내음이 나를 스친다. 추운 날들을 지나, 그리웠던 매미 소리가 여름을 깨운다. 붉게 물든 단풍잎 속에서 피어난 그리움들은 가을이라는 이름 아래서 고요히 춤춘다. 모두가 숨죽여 웅크리는 계절에 하얀 입김 속에 머무르며 깊은 겨울잠을 잔다.

나에게도 어느 여름날처럼 열정이 샘솟아 온 세상을 뛰노는 날도 있고, 어느 겨울날처럼 움츠러든 마음들이 고이 잠을 자는 날도 있다.
그때마다 계절에 맞게 나를 보살피는 것,
그것이 나를 위한 길이겠지.

8

숨죽여 앞만 보던 겨울잠의 잎들이
서서히 얼굴을 내밀며 나를 반겨주고
이제 더 이상 숨지 않아도 된다고 속삭인다

허공 사이로 뻗어 있던 나뭇가지들도
하나둘 꽃을 피워 내게 손을 흔든다
따스한 햇볕이 나의 그림자를 밝혀주고
지나간 시간을 돌아보지 않게 해준다

해가 떠오르며 아침도 밝아오고
저물어가는 노을이 나를 덥석 안아
오늘 하루도 잘 보냈다며 토닥여줄 때
소녀는 저 높이 날아올라
구름과 함께 춤을 춘다

9

심연 속에 잠식되었던 나를 꺼내어
잠잠해진 파도와 맞대어본다
요동치던 숨을 가라앉혀
잠시 세상과 거리를 둔다

어둠 속에서 자라온 눈물은
한참을 기다린 듯 창틈으로 유유히
별이 되어 쏟아져 내린다

멎어 있던 숨이 되살아나고
긴 겨울 동안 내리지 못했던 눈들이
여름밤의 첫눈이 되어 나의 눈을 덮어준다
이제는 잠들 수 있을 거라고

10

너가 원하던 길은 어디에 머물고 있을까
흩날리던 벚꽃잎이 내 발등에 앉아
내 발걸음을 움직인다
움트는 시간 속에서 피어나
나를 자라나게 한다
엉켜 있던 마음들은
금세 꽃봉우리가 되어
기꺼이 봄이 되겠지

11

내 속에 고이던 물이 웅덩이가 되고
강이 되고 바다가 되었다
좁고 끝이 보이는 우물인 줄 알았는데
한참을 허우적거리다 서 보니
이곳은 푸른 바다였다
우물인 줄 알았던 나의 세상은
검푸른 바다였다

이제는 헤엄치자
드넓은 이곳을

3부

빛과
　　찬
　　란
　　함

아침이 남긴 것들

도망쳤다. 누군가에겐 근사한 꿈이 되는 서울에서. 기차 창밖으로 보이는 푸른 들판 너머로 어머니의 뒷모습이 흐릿하게 아른거렸다.

"집을 놔두고 어디를 가. 가지 마."
"난 한평생 이곳에서만 살았어. 서울을 벗어나는 건 내 꿈이야."
"말도 안 되는 소리 하지 마. 시끄러."

떠나고 싶다고 말을 처음 꺼낸 날, 어머니는 무작정 화를 내고 방 안으로 들어갔다. 참아왔던 울음이 터졌다. 도대체 나한테 해준 게 뭐라고.

여섯 살 때쯤 아버지가 집을 나간 뒤, 어머니는 혼자서 오빠와 나를 키웠다. 새벽부터 교회에 다녀오고 하루 종일 일하고 나서야 집으로 돌아와 텔레비전 소리에 잠들곤 했다. 그런 어머니와 마주 앉아 밥 한 끼 먹는 건 어려운 일이었다. 늘 어머니의 뒷모습만 바라보던 어린시절의 나는 어머니를 일찍 이해해야만 했다.

하지만 온전히 자라나지 못했던 마음은 내 자신을 향한 애처로움이 되어버렸고, 더는 그런 어머니를 이해하기는 어려웠다. 그날 밤 나는 나 스스로를 위해 다짐했다.
새로운 곳에서 마음을 하얗게 비우자고. 아픈 기억들은 모두 흘려보내자고. 그렇게 가볍지 않은 발걸음으로 서울을 떠났다.

어느덧 낯선 곳에서 지낸 지 시간이 꽤 흐르고, 가족은 떨어져 있을수록 가까워진다는 말이 몸소 깨닫게 될 때쯤이었다. 오래 떨어져 지내다 보니, 그동안 알지 못했던 어머니의 손길을 느

꺼지는 날들이 찾아왔다. 밥을 짓고, 반찬을 꺼내고, 그릇을 씻는 일.

그 소소한 아침상이 생각보다 많은 손길을 필요로 한다는 걸. 매일 아침 누군가를 위해 음식을 차린다는 건, 마음이 깃든 일이었다는 걸.

그때는 본 적 없는 어머니의 뒷모습이 떠올랐다. 아침마다 분주하게 밥 두 그릇을 만들어놓고 출근하는 모습. 지금까지의 나는 아침을 잘 먹지 않는 편이었고, 원하지 않았던 한 끼가 내게는 부담이 되어 짐처럼 느껴지곤 했다.

그때는 그저 짐처럼 느껴졌던 그 아침. 이제는 알 것 같다. 그건 어머니의 유일한 사랑이었다는 걸. 나를 떠나게 한 건 결핍이 아니라 그 사랑을 이해하지 못한 나 자신이었는지도 모른다. 어쩌면 그 사랑을 다시 마주할 용기를 스스로에게 건네고 싶었던 건지도.

12

나의 진심을 담아 글을 쓰다 보면
어두운 순간들도 언젠가는 밝아지지 않을까
혹여 밝아지지 않더라도
어둠이 있기에 별이 빛나는 것처럼
나의 어둠이 있기에
내가 빛날 수 있는 게 아닐까

13

숨을 크게 불어 넣는다
내 눈까지 모두 잠길 때까지
더 이상 나를 괴롭히던 악몽이 사라질 때까지

한 숨, 한 숨 쉬다 보면
나도 언젠가 날아갈 수 있지 않을까

숨을 크게 불어넣는다
저 멀리 보이지 않는 나의 세계로
후 —

14

파랑, 파랑, 날아올라 어디에든
파랑, 파랑, 올라가자 저곳으로
고개를 들어야만 보이던 곳으로

파랑, 파랑, 날개짓을 들어올려
파랑, 파랑, 훨훨 날아 가다보면
내 세상도 파란 하늘이 되겠지

4부

글과
　숨

맘껏 내 세상을 날아다니는 일

맘껏 내 세상을 날아다니는 일. 내가 그려왔던 세상은 분명 그런 곳이었다. 하지만 그때는 알지 못했다. 그 다짐이 마냥 꿈으로만 남을지도 모른다는 것을.

"어린 나이에 벌써 많은 일을 해보셨네요."

면접을 볼 때마다 흔히 듣는 말이었다. 듣기에는 뿌듯했지만, 한편으로는 나 자신이 안쓰러웠다. 나이에 비해 경험이 많다는 건 분명 좋은 일이지만, 내가 원했던 모습은 아니었으니까.

나는 어릴 적부터 하고 싶은 것이 많았다. 그것들을 놓치지 않으려 애쓰다 보니, 하나로 좁혀지지 않았다. 결국 나의 꿈들은 서로를 잡아먹기 시작했다. 삼키고 삼키다 하나가 되어야만 이 세상에 나올 수 있으니까.

세월은 흘러갔고, 나를 가리키던 숫자의 무게도 점점 무거워졌다. 그때 누군가 나의 현실을 깨우치는 말을 했다.

"누구나 하고 싶은 일만 하며 살 수는 없잖아?"

맞는 말이었다. 하고 싶은 일만 하며 사는 사람은 드물고, 그런 삶은 행운이라 불릴 정도다. 하지만 그 행운이 살면서 한 번쯤은 나에게도 찾아오지 않을까. 할 수 있는 일보다 하고 싶은 일을 하면 안 되는 걸까.
수많은 물음들이 화살처럼 날아와 내 꿈들을 꺾어버렸다. 그렇게 다시 현실이라는 벽에 부딪혀 직장인이 되었다.

새로 직장에 적응하던 시절은 행복했다. 돈을 모을 수 있는 안정감과, 직장인이라는 사실만으로도 위로가 되었다. 그러나 그 기쁨은 오래가지 않았다. 하고 싶은 것들을 뒤로하며 살다보니 점점 나를 잃어버리는 것 같았다. 그만두고 싶다는 생각이 하루에도 몇 번씩 스쳤지만, 그러지 않았다. 버티고 또 버텼다. 세상은 원래 이런 거라 믿었으니까. 하고 싶지 않은 일이더라도, 힘들더라도, 이 모든 걸 감당하는 것이 어른이라고 생각했으니까.

그렇게 일년을 버티고 퇴사했다. 그리고 마음속으로 굳게 약속했다. 용기내어 하고 싶은 것을 해보기로.

다시 꿈을 꾼다
맘껏 내 세상을 날아다니기로

나의 세상은
내가 그려보기로

15

온전히 글 속에 머물고 싶었다
바다와 숲 속에 잠겨
그곳에서 한참을 머무르고 싶었다
흩날리던 나의 낱말들은
계절이 지나간 자리마다 살며시 내려앉았고
봄의 열매가 되고 싶었던 생각의 씨앗들은
문장의 꽃봉우리가 되어
여름을 기다린다
초록의 계절이 다가오면
초록잎은 하나씩 떨어져
꽃이 피울 수 있겠지
그렇게 나는
글이 될 수 있겠지
다가올 여름에는

오늘을 건너는 마음

스스로 살기 위해 내가 택한 일은 단 하나였다. 나를 미워하지 않는 것. 삶을 다시 살아갈 용기를 줄 수 있었던 건, 그뿐이었다.

죽을만큼 울다가, 차라리 이제는 죽어도 되겠다 싶었던 순간들이 있었다. 그리 멀지 않은 시절이었다. 과거에 짓눌려 스스로를 탓하고 후회 속에서 허우적거리던 순간들.
믿었던 사람에게 사기를 당하고, 모든 것을 내어주었던 연인에게는 이별통보를 받았다. 학창시절을 함께했던 가장 가까운 친구들과도 멀어졌다. 이 모든 일이 전부 내 탓인 것 같았다. 그래서 그리 아팠던 걸까.

어릴 적부터 나는 칭찬이란 말을 거의 들어보지 못했다. 혼자 두 아이를 키워야 했던 어머니에겐 그럴 여유도 없었을 테니까. 그런 마음을 일찍 이해해버린 나는 바라지도 서운해하지도 않았다. 하지만 그 탓인지 무엇을 해내도 스스로 잘하고 있다고 믿지 못했다. 누군가 곁을 떠날 때마다 내 잘못이었을까 걱정했고, 그 생각은 오랫동안 우울로 이어졌다.
병원을 찾았던 날, 의사는 말했다.

"스스로에게 칭찬을 해줘야 해요."

남에게는 한없이 따뜻한 말을 아끼지 않지만, 유독 나에게만은 그 따뜻함이 어색했던 나였다. 그래서 때때로 어머니가 원망스러웠다. 들어본 적이 있어야 나에게도 할 수 있을 텐데.
나를 위한 말들을 그 시절 조금이라도 들었더라면, 지금의 내가 조금은 달랐을까 하고.

그 무렵에는 매일 울다가 하루를 시작하지 못하

곤 했다. 몇 달을 그렇게 보내던 어느 날, 서랍 속에 쌓여 있던 편지들을 우연히 꺼내 읽게 되었다.

'너랑 통화했던 그날, 내가 생각한 것 이상으로 큰 힘이 되었어. 너의 경청과 공감에서는 다른 사람들과 다르게 언어의 온도가 느껴지는 것 같아. 너는 정말 빛나는 사람이고 진심 어린 사람이야.'

'중학교 때는 서로 안 볼 것처럼 싸웠는데, 지금은 왜 그랬는지 기억도 안나. 다만 기억에 남는 건, 여럿이서 싸우는데 너는 항상 내 옆에서 내 얘기를 들어주고 마음의 친구라고 해줬어. 기억나?'

'너를 보면 생각도 많고 하고 싶은 것도 많고 꿈도 많은 게 마음이 엄청 건강해보여. 너는, 무엇을 하든지 잘할 거야. 어렸을 때 언니랑 놀고 싶다고 엄마한테 말하고 우리집까지 혼자서 뚜벅뚜벅 걸어오던 너를 기억하면, 귀엽고 당찬 추진력은 원래부터 가지고 있었나 봐'.

편지 한 문장 한 문장이
나를 눈물로 다시 일으켜 세웠다
그제야 알았다
나를 미워하게 만든 건 결국 나였구나
아무도 나를 미워하지 않았는데
나 스스로를 밉게 보고 있었구나

그때부터였다
나를 미워하지 않겠다고
나를 믿어보겠다고
그래야 오늘을
그리고 내일을
살아갈 수 있을 테니까

글을 마치며

얼마만에 작은 마음들을 보살펴 주는 걸까.
기억나는 건 오래전 어느 바닷가에서 펜을 들었던 게 마지막인 것 같다. 홀로 거닐며 사유하고, 세상을 바라보던 그 순간들을 글로 담아냈고 그것들은 나의 숨이 되었다.

언제까지나 나를 등질 수 없으니, 조금은 벅차더라도 자주 쓸 수 있기를. 부서지기 쉬운 나의 작은 마음들을 위해서.

부서지고 피어나는 모든 마음들이
끝내 찬란한 마음들이 되기를

초판1쇄 발행 2025.11.18

지은이   이화
엮은이   이화
디자인   이화
펴낸곳   소금과 바다
인스타   @ieehwa
ISBN   979-11-995757-0-7
이메일   dlgkdms0234@naver.com

ⓒ 2025. 이화. All rights reserved.
이 책은 저작권법에 의하여 보호를 받는 저작물이므로
무단 전재와 복제를 금합니다.